À la recherche de Mariana

Dominique Renaud

Édition : Brigitte Faucard

Illustrations : Clod

Enregistrements audio : BÉRYL PRODUCTIONS

Direction artistique audio : Hélène Lamassoure

Conception et mise en page : Christian Blangez

1. Lisez le titre et observez les illustrations du livre puis répondez.

a. Faites une petite description de Mariana.

b. Le mot *recherche* a différentes significations.
Laquelle correspond au titre de l'histoire ?

   1. Effort fait pour trouver quelqu'un, quelque chose qui est perdu. ☐

   2. Travaux scientifiques qui permettent d'acquérir de nouvelles connaissances. ☐

c. À votre avis, ce livre raconte une histoire...

   1. romantique ? ☐

   2. tragique ? ☐

   3. policière ? ☐

   4. comique ? ☐

   5. fantastique ? ☐

2. Cochez l'abréviation habituellement employée pour parler de l'université.

a. bac ☐

b. fac ☐

3. Cherchez les 2 intrus dans cette série de mots qui ont une relation avec les ambassades.

consul – carte bancaire – visa – ressortissant

passeport – commerçant

Présentation

Alexandre :
il est étudiant en
médecine à Paris.
Il a vingt-cinq ans.

Mariana :
elle est mexicaine.
Elle est étudiante en
médecine, à Paris,
avec Alexandre.

Sofia :
c'est une amie
de Mariana.

Coline :
c'est la sœur
d'Alexandre.
Elle a vingt-six ans.
Elle est pharmacienne.

Le commissaire Beaulieu :
c'est le père d'Alexandre.
Il n'habite pas avec ses
enfants.

Une étudiante qui vient de loin

Mon nom est Beaulieu. Alexandre Beaulieu. J'ai vingt-cinq ans. Je suis étudiant en médecine. J'habite un **studio** à Paris. Chaque vendredi, je rentre à **Lille**, ma ville natale. La vie à Paris est agréable, mais mon appartement est petit et je préfère passer le week-end chez ma mère.

Elle habite une vieille maison à la campagne. Là-bas, je suis bien ; j'ai le temps de me relaxer. Je fais de longues promenades dans la forêt, en général avec ma sœur. Son prénom, c'est Coline. Moi, je l'appelle Col. Nous avons de bonnes relations tous les deux. Elle a vingt-six ans et elle travaille comme pharmacienne **depuis** deux ans. **Célibataire**. Sans enfant. Elle vit à Lille, mais elle aime bien venir nous voir le week-end.

* * *

un studio : petit appartement formé d'une seule pièce.

Lille : quatrième ville de France, située près de la frontière belge.

depuis : à partir de. Indique l'origine d'une action ou d'une situation qui continue.

célibataire : homme qui n'a pas de femme ou femme qui n'a pas de mari.

Nous sommes au mois d'octobre. L'année commence à peine. C'est notre premier cours de Travaux Dirigés. En TD, nous ne sommes pas nombreux ; ce n'est pas comme les cours dans les amphithéâtres !

J'entre dans la salle, je regarde qui est là. Ce sont les étudiants de l'année dernière ; je les connais tous. Tous, sauf une fille qui est au fond de la salle. Je donne un léger coup de coude à Nicolas, un copain qui se trouve à côté de moi.

– Tu la connais ?

– Non. C'est une nouvelle.

Je la regarde. Elle a le type *latino* : de grands yeux noirs, une peau bronzée et des cheveux noirs.

– Pas mal, hein ? murmure Nicolas, qui lit dans mes pensées.

Le professeur Bottéro, un illustre professeur de médecine, se tourne vers la nouvelle et dit :

– Mesdemoiselles, messieurs, je vous présente Mariana. Elle est mexicaine. Elle est boursière de l'État français. Elle vit à Paris depuis trois mois et parle français. N'est-ce pas, Mariana ?

---

travaux dirigés (TD) : cours où les élèves, en petits groupes, font des exercices en application d'un cours théorique.

sauf : excepté, à l'exception de.

donner un coup de coude : toucher quelqu'un avec le coude pour attirer l'attention.

hein ? (fam.) **:** non ? n'est-ce pas ? c'est ainsi ?

se tourner vers : ici, regarder dans la direction de.

un(e) boursier(ère) : personne qui a une aide financière de l'État pour faire ses études.

– Qui se charge de piloter Mariana ?

– Je comprends bien, mais j'écris mal !

– De quelle ville êtes-vous, Mariana ?

– D'Acapulco.

– Belle ville ! dit le professeur. Bien. Durant les premières semaines, **il faut** aider Mariana à s'intégrer, lui montrer les installations, lui expliquer notre manière de fonctionner dans cette université… Qui se charge de piloter Mariana ?

Tous les garçons lèvent la main.

– Eh bien ! Je vois que notre jeune amie **a du succès** !

il faut : il est nécessaire de.

elle a du succès : elle intéresse, elle ne laisse pas indifférent, elle a un pouvoir de séduction.

Alexandre, vous parlez espagnol, acceptez-vous de faire le **guide** ?

– Pas de problème.

– Tu **as de la chance**, toi ! murmure Nicolas.

***

À la fin du cours, je vais voir Mariana.

– Salut, Mariana. Je t'invite à un café ?

– D'accord !

Dix minutes après, nous nous installons à la terrasse d'un café. Je viens **souvent** dans ce bar et le **serveur** me connaît.

– Salut, Gilles ! Je te présente Mariana. Elle est mexicaine. Elle fait ses études de médecine en France.

– Enchanté, mademoiselle !

Gilles est serveur depuis deux ans dans ce café. Il a vingt-deux ans. C'est un garçon un peu spécial, toujours mélancolique ; mais je l'apprécie, à cause de cette tristesse, peut-être.

– Qu'est-ce que vous prenez ?

– Une eau minérale, s'il vous plaît.

– Et toi, Alexandre ?

---

un guide : personne qui accompagne quelqu'un pour faire visiter, donner des informations.

avoir de la chance : être favorisé par le sort. *Gagner à la loterie, c'est avoir de la chance !*

souvent : d'une manière fréquente. *Je vais souvent au cinéma. Deux ou trois fois par semaine.*

un serveur : personne qui sert les clients dans un bar, un restaurant.

– Salut, Gilles ! Je te présente Mariana.

– Un expresso.

Gilles part et je demande à Mariana :

– Tu es à Paris depuis quand ?

– Depuis le mois de juillet.

– Tu aimes ?

– Oui, beaucoup. C'est une ville magnifique ! Et elle est petite, comparée à Mexico, c'est agréable !

– Et tes parents, ils connaissent Paris ?

– Non. Ils viennent à Noël.

– Qu'est-ce qu'ils font comme **métier** ?

– Euh… Mon père est **chauffeur** de taxi. Ma mère ne travaille pas.

un métier : travail, profession.
un chauffeur : conducteur.

– Moi, ma mère travaille pour un **magazine** de mode et mon père est commissaire de police.

Le serveur arrive avec les boissons et les pose sur la table.

– C'est combien, Gilles ?

– Trois euros soixante-dix.

– Tiens. Garde la **monnaie**.

Je regarde l'heure.

– Tu fais quelque chose maintenant ?

– Du shopping. Pourquoi ?

– On déjeune ensemble ?

– C'est **gentil**, Alexandre, mais je n'ai pas **beaucoup de** temps... j'ai cours cet après-midi.

– Alors on va dans un petit **resto** sympa près d'ici.

– Bon. D'accord.

un magazine : revue illustrée.

la monnaie : si Alexandre donne 4 euros à Gilles, la monnaie, c'est 30 centimes, c'est-à-dire la quantité que Gilles doit donner à Alexandre.

gentil : aimable, sympathique.

beaucoup de : un grand nombre de, une grande quantité de.

un resto (fam.) **:** abréviation de restaurant.

1. Répondez.

a. Quel est le prénom du narrateur et personnage principal ?

....

b. Il a quel âge ? ....

c. Il habite où ? ....

d. Qu'est-ce qu'il étudie ? ....

e. Est-ce qu'il a des frères et sœurs ?

....

f. Quels métiers font ses parents ?

....

2. Entourez la bonne réponse.

a. Mariana est *professeur de médecine – étudiante en médecine – serveuse.*

b. Elle est *brune – blonde – rousse.*

c. Elle est de nationalité *mexicaine – américaine – française.*

d. Son père est *médecin – commissaire de police – chauffeur de taxi.*

3. Vrai ou faux ?

	V	F
a. Alexandre va au café avec Mariana.	☐	☐
b. Le serveur est très désagréable.	☐	☐
c. C'est un jeune homme optimiste.	☐	☐
d. Alexandre invite Mariana à déjeuner.	☐	☐

4. Qui dit quoi ? Répondez.

a. Enchanté, mademoiselle ! ....

b. Une eau minérale, s'il vous plaît. ....

c. Tu es à Paris depuis quand ? ....

d. On déjeune ensemble ? ....

Nous prenons le métro et nous descendons à deux pas de la Sorbonne.

Coup de foudre

Dix minutes plus tard, nous prenons le métro et nous descendons à deux pas de la Sorbonne. Nous entrons dans le restaurant et nous nous installons à une petite table.

– Tu prends quoi ?

– Euh… je ne sais pas… une salade et un thé.

– Moi, un jus d'orange, une salade et une tarte aux pommes. Alors, qu'est-ce que tu penses de la fac ?

– Je suis contente. L'ambiance est bonne et les gens sont très aimables avec moi. C'est génial !

– Tu habites loin de la fac ?

– Au 7 de la rue Bréa. L'appartement est petit mais il est sympa. Et toi ?

– Moi je suis à deux stations de métro. C'est pratique ; mais mon studio est minuscule, imagine : 15 m^2 … Et les étudiants, tu les trouves comment ?

coup de foudre : manifestation immédiate de l'amour.
La Sorbonne : célèbre université parisienne.
très : extrêmement.

– Euh, en réalité, **je ne connais personne**.

– Sauf moi !

– C'est vrai !!! Ah si, je peux dire une chose sur la classe : je trouve qu'il y a beaucoup de garçons !

– Tu as raison. **Trop**, non ?

– Toi, au moins, tu dis ce que tu penses ! dit Mariana.

– **Je plaisante**… Ils sont sympas…

– Oh ! s'exclame Mariana. Il est une heure dix. Je dois partir, je vais être en retard.

Elle se lève et moi, le timide, brusquement je prends sa main !!!

– Mariana... on se voit demain ?

– Oui... en cours.

– N-non… Je veux dire… après... On peut aller au cinéma, si tu veux ?

Mariana retire sa main et me dit d'un ton un peu froid :

– On se connaît depuis une heure, tu vas un peu vite Alexandre, non ?

Rouge comme une tomate, sans la regarder, je dis simplement :

– Excuse-moi, Mariana. Je suis désolé !

– Ce n'est pas grave. Bon, à demain et merci.

je ne connais personne : je ne connais pas un seul étudiant.

trop : une quantité excessive (de garçons).

je plaisante : je ne parle pas sérieusement.

Je la regarde partir. Mon cœur bat très fort.

Je la regarde partir. Mon cœur **bat** très fort. Elle ne **se retourne** pas. Je suis un vrai imbécile ! **D'habitude**, je ne parle pas de cette manière aux filles. C'est curieux : j'ai l'impression de la connaître depuis **longtemps**. Je me sens bien avec elle.

Je la regarde **s'éloigner**. Mariana n'est pas comme les autres : elle n'est pas belle au sens classique, mais intéressante ; pas coquette mais ultra féminine. C'est surtout à cause de ses yeux, je crois : **doux**, curieux et intelligents ; déterminés aussi. Il y a comme une énergie spéciale en elle.

Mais une chose est sûre : je l'aime.

★★★

battre : palpiter.

se retourner : ici, regarder derrière.

d'habitude : ici, d'une manière générale.

longtemps : un long espace de temps.

s'éloigner : partir.

doux : agréable, contraire de *dur*.

Les jours passent. Mariana et moi, on se voit à la fac mais on se parle à peine. En réalité, elle parle bien le français et elle n'a pas **besoin de moi**.

De temps en temps, je lui demande : « Salut, Mariana, tout va bien ? » « Oui, oui, me répond-elle, tout va très bien, merci, Alexandre. »

Mariana ne m'évite pas, non, mais elle ne me laisse pas entrer dans sa vie. Je préfère ne pas forcer les choses.

✳✳✳

L'autre jour, surprise ! Après le cours, elle vient me trouver ; elle est très **gaie**.

– J'organise une petite fête. Tu veux venir ?

Elle m'invite ?! Moi ? Mais c'est génial !

– Bien sûr ! C'est quand ?

– Samedi prochain. Dans un bar, près du Châtelet. À vingt et une heures, ça te va ?

– Parfait. Et cette fête, c'est en l'honneur de quoi ?

– Mon anniversaire. Alors, à samedi.

Puis, à ma grande surprise, elle m'**embrasse** sur la **joue**, avant de disparaître.

Je reste immobile, au milieu de l'amphi. Mariana m'invite à une fête ! Je suis heureux !!!

---

avoir besoin de : voir la nécessité, l'utilité (d'avoir quelque chose).

de temps en temps : à des intervalles de temps plus ou moins longs et irréguliers.

gaie : très contente.

embrasser : quand on met ses lèvres sur les lèvres ou la **joue** (partie du visage entre le nez et l'oreille) de quelqu'un, on embrasse quelqu'un.

*À ma grande surprise, Mariana m'embrasse sur la joue,
avant de disparaître.*

Et puis, brusquement, l'angoisse ! Un cadeau. Je dois faire un cadeau à Mariana ! Mais quoi ? Des fleurs ? Trop banal. Un parfum ? Trop personnel... Un bijou ! Voilà, c'est ça ! Mais quel bijou... ? SOS, Coline.

Je compose le numéro de ma sœur.

– Allô, Coline, c'est moi. Tu as un moment ?

– Trente secondes, Alexandre, je suis au travail.

– Imagine : c'est ton anniversaire. Un garçon, qui est amoureux de toi -mais tu ne le sais pas-, t'offre un bijou. Qu'est-ce qu'il t'achète ?

– Euh… je ne sais pas… euh... un collier. Un collier un peu moderne mais discret. C'est joli avec un T-shirt, en été...

– Un collier ? C'est une super idée. Merci, Col, tu es adorable, je t'embrasse.

l'angoisse : forte anxiété.

un bijou : petit objet qu'on porte comme ornement (aux doigts, au cou, aux oreilles).

1. Au restaurant. Entourez la bonne réponse.

a. Mariana et Alexandre *bavardent – ne disent pas un mot.*

b. Mariana *aime – n'aime pas* l'ambiance de la faculté.

c. Elle vit *dans une maison – dans un petit appartement.*

d. Elle *accepte – refuse* d'aller au cinéma avec Alexandre.

e. Elle part *très contente – un peu irritée.*

2. À la faculté. Vrai ou faux ? V F

a. À la faculté, Mariana et Alexandre se parlent beaucoup. ☐ ☐

b. Un jour, Mariana invite Alexandre à une fête. ☐ ☐

c. C'est pour fêter son anniversaire. ☐ ☐

d. Elle invite tous les étudiants de sa classe. ☐ ☐

e. La fête a lieu le vendredi à vingt et une heures chez Mariana. ☐ ☐

f. Alexandre est très content de l'invitation. ☐ ☐

3. Le cadeau. Cochez la bonne réponse.

a. Alexandre veut offrir ☐ un pull ☐ un bijou à Mariana.

b. Il demande conseil ☐ à sa sœur ☐ à sa mère.

c. Finalement, il va offrir ☐ un livre ☐ un collier.

À la recherche de Mariana

Le samedi soir arrive. Je suis impatient de voir Mariana. Une **soirée** avec elle… Quel **bonheur** !

J'attends devant le bar. Les invités arrivent. Des Mexicaines, mais aussi des filles d'autres nationalités et **quelques** garçons...

Nous nous présentons.

– Vous aussi, vous attendez Mariana ?

– Comme vous, je pense.

– Oui. Il est neuf heures dix, elle n'est pas là ?

– C'est normal, Mariana est **toujours** en retard !

– On l'attend à l'intérieur ? Il fait froid, je trouve.

– Bonne idée !

Nous nous installons autour d'une grande table.

une soirée : espace de temps qui comprend la fin du jour et le moment où on va dormir.

le bonheur : quand on est content, heureux, c'est le bonheur.

quelques (garçons) : ici, un petit nombre de (garçons).

toujours : continuellement, constamment.

– Vous désirez ? demande un serveur.

– Eh bien, en réalité, on attend une amie…

– Mais on peut commander, propose une des amies de Mariana.

– Pourquoi pas ? Elle ne va pas tarder…

– On l'appelle ?

– Vous avez raison, je l'appelle sur son portable.

Je regarde ma montre. Vingt et une heures trente. Une demi-heure de retard… Bizarre, le jour de son anniversaire… !

– Elle ne répond pas, dit l'amie mexicaine. Je laisse un message.

Le temps passe. Nous parlons. Nous buvons quelques verres. Nous sympathisons. De temps en temps, je regarde l'heure. Il est maintenant vingt-deux heures. L'amie de Mariana compose son numéro trois fois. Pas de réponse. Une heure de retard. Il se passe quelque chose, ce n'est pas normal !

– Excuse-moi, tu t'appelles comment ?

– Sofia.

– Tu connais bien Mariana ?

– Oui, c'est ma meilleure amie.

---

commander : dans un bar, demander au serveur d'apporter des boissons (eau minérale, jus de fruits, café, vin, etc.).

une montre : objet qu'on porte au bras et qui indique l'heure.

bizarre : étrange, pas normal, qui cause de la surprise.

la meilleure amie : entre toutes les amies de Mariana, l'amie qui a une grande importance, qui est la préférée.

Sofia et moi, nous prenons un taxi.

— Ce retard est inquiétant, non ? Je propose d'aller chez elle. Tu m'accompagnes ?

— Bien sûr !

Nous prenons un taxi.

Nous arrivons quelques minutes plus tard devant le 7 de la rue Bréa. Sofia compose le numéro de code d'entrée.

— C'est au quatrième, dit-elle.

Nous prenons l'ascenseur.

un code d'entrée : numéros qu'on compose pour ouvrir la porte d'un édifice.

***

Nous arrivons devant la porte de Mariana. Bizarre, elle est ouverte ! Je regarde Sofia, un peu préoccupé.

– Qu'est-ce qu'on fait ?

– Je vais voir si elle est là…, dit-elle.

Elle pénètre dans l'appartement.

– Mariana ? Tu es là ? Mariana ?

Brusquement, j'entends Sofia s'exclamer : « *Dios mío !* »

– Sofia ? Sofia ? Qu'est-ce qui se passe ?

– Viens voir ! Vite ! Vite !

Je me précipite dans le couloir.

– Tu es où ?

– Dans la salle de bains.

J'entre dans la salle de bains. Sofia est là, assise sur le bord de la baignoire, livide.

Elle me montre du doigt le miroir du lavabo et je vois un mot écrit avec du rouge à lèvres. C'est de l'espagnol ; mais ce n'est pas difficile à comprendre. « *Ayuda* ». « Au secours ! »

---

un couloir : corridor, passage long et étroit qui permet de passer d'une pièce dans une autre.

livide : blanc(che).

un miroir : objet où on peut se voir quand on se peigne, se lave les dents, se maquille...

du rouge à lèvres : produit de maquillage utilisé pour donner de la couleur aux lèvres ; il peut être rouge, rose, orange...

Sofia me montre du doigt le miroir du lavabo.

Sofia commence à pleurer. Mais ce n'est pas le moment de pleurer ! C'est grave. Il faut faire quelque chose !

– Sofia, c'est quoi cette histoire ? Tu sais quelque chose ?

– Non.

– Tu es sa meilleure amie. Réfléchis bien !

– C'est un secret.

– Écoute, Sofia, mon père est commissaire de police. S'il y a un danger, il peut nous aider mais parle, s'il te plaît.

pleurer : quand on est triste, on pleure, c'est-à-dire que des larmes (gouttes d'eau) sortent des yeux.

réfléchir : faire usage de la réflexion, penser, se concentrer sur quelque chose.

un danger : quelque chose qui menace l'existence de quelqu'un. **Être en danger :** être dans une situation grave et qui peut mal se terminer (provoquer la mort, par exemple).

Je la regarde. Elle est blanche. Elle ne sait pas quoi faire. Je répète ma question.

– Qu'est-ce qui se passe ? Dis-moi la **vérité**.

– La vérité ? Regarde autour de toi ! me répond-elle.

J'observe l'appartement : un grand salon, un **canapé en cuir**, une télévision plasma, une chaîne hi-fi, une salle de bains indépendante avec baignoire, lavabo et douche. Très **chic**.

– Mariana Lopez est la fille d'un homme très riche et important au Mexique...

– Je comprends. Tu penses à un **kidnapping** ?

– Peut-être...

Ce n'est pas impossible. Après tout, ces histoires ne se passent pas uniquement dans les films !

la vérité : ce qui est vrai, réel et pas inventé.

un canapé en cuir : meuble, sofa, long siège confortable où on s'installe pour regarder la télévision. Ici, il est recouvert de cuir (peau d'un animal).

chic : élégant.

un kidnapping : rapt, action d'emmener quelqu'un par la force et de le faire prisonnier.

1. Entourez la bonne réponse.

a. Alexandre arrive *en retard – à l'heure* au bar.

b. Là, il retrouve *des amis de la fac – des personnes inconnues.*

c. Mariana *est là – est en retard.*

d. Alexandre *parle avec les amis de Mariana – préfère être seul.*

e. Mariana *se présente enfin – ne vient pas.*

2. Remettez l'histoire dans l'ordre.

a. Chez Mariana, la porte est ouverte mais la jeune fille n'est pas chez elle.

b. Sofia, une amie mexicaine de Mariana, l'appelle trois fois.

c. Alexandre, préoccupé, propose à Sofia d'aller chez Mariana.

d. Sur le miroir, on peut lire « Au secours ! »

3. Le secret de Mariana. Cochez la bonne réponse.

Alexandre découvre que...

a. 1. le père de Mariana est très riche. ☐
2. le père de Mariana est mort. ☐

b. 1. Mariana vit dans une petite chambre d'étudiante. ☐
2. Mariana a un appartement élégant. ☐

4. Cochez.

À votre avis, que vont faire Sofia et Alexandre ?

a. Chercher Mariana. ☐

b. Attendre. ☐

Finalement, Sofia décide de rentrer chez elle.

Père et fils

Vingt-trois heures trente. Que faire ? Aller à la police ? Oui, je pense que c'est indispensable. Mais Sofia **hésite** : elle préfère attendre. Mariana va peut-être la contacter. Et si c'est un kidnapping, parler à la police, c'est mettre la vie de Mariana en danger...

Finalement, Sofia décide de rentrer chez elle. Nous nous donnons nos numéros de portable.

– S'il y a **du nouveau**, on s'appelle immédiatement, OK ?

Il pleut et il fait froid. Comme chaque samedi soir, il y a beaucoup de monde dans le métro. J'appelle Coline.

– Allô, Coline, c'est moi.

– Tu sais quelle heure il est ?

– Désolé, Col, c'est important.

– Qu'est-ce qui se passe ?

J'explique mon histoire.

– Et qu'est-ce que je peux faire pour toi ? demande Coline, sceptique.

– Col, je crois que Mariana est réellement en danger. Je vais parler à Papa.

hésiter : ne pas se décider à faire une chose.

du nouveau : information, fait nouveau dans l'évolution de la situation.

– Parler à Papa ? Tu es fou !

– J'aime cette fille, Col ; et j'ai un mauvais pressentiment.

– Depuis quand tu ne vois pas papa ?

– Depuis qu'il vit avec cette femme, depuis cinq ans.

– Petit frère, je crois que tu fais une grosse erreur.

– Peu importe, Col, il peut m'aider. Donne-moi son numéro de téléphone, s'il te plaît.

– J'ai le numéro d'un téléphone fixe à Paris, j'espère que c'est le bon.

– Donne. Je vais essayer.

Je remercie Col et j'appelle immédiatement.

– Beaulieu à l'appareil. J'écoute.

– Papa ? C'est moi, Alex. Je ne te réveille pas ?

– Non mais… qu'est-ce qui se passe ?

– Je n'ai pas le temps de t'expliquer. On peut se voir ?

– Quand ?

– Maintenant.

– D'accord.

– C'est quoi, ton adresse ?

– 13, rue Vigée. Métro Pasteur.

– J'arrive dans quinze minutes.

* * *

Il est une heure du matin. Je marche comme un automate. Je monte dans le premier métro. Je pense à

remercier : dire merci.

Mon père m'attend à la porte.

Mariana... et à mon père. Après tout ce temps, comment vont se passer les retrouvailles ?

J'arrive devant son immeuble. Je sonne.

– Salut, Alex, me répond-il, je t'ouvre.

Mon père m'attend à la porte. Je le regarde un instant ; il est comme dans mes souvenirs. Il est mal rasé et porte une chemise blanche froissée et une cravate noire. Mais je sens quelque chose de nouveau chez lui : sa manière de me regarder, plus affectueuse.

Il met son bras autour de mes épaules.

– Salut, Alexandre. Ça fait longtemps… Tu es un beau garçon, me dit-il. Tu continues tes études, je suppose ? Médecine, c'est ça ?

des retrouvailles : fait de se revoir après une longue séparation.

sonner : appuyer sur un bouton qui se trouve à la porte d'entrée d'une maison pour indiquer sa présence. *Quelqu'un sonne. Je vais ouvrir.*

un souvenir : ici, image que garde la mémoire.

il est mal rasé : il a un peu de barbe.

froissé(e) : qui n'est pas net(te), lisse.

une épaule : partie supérieure du bras, à l'endroit où il se fixe au thorax (articulation de l'humérus avec la clavicule et l'omoplate).

– Oui, je suis en cinquième année.

– Ça t'intéresse ?

– Beaucoup.

Mon père m'observe, un peu gêné. Après cette longue séparation, c'est sans doute étrange pour lui de me voir chez lui.

– Alors, tu as des problèmes ?

– Pas moi. Une étudiante que je connais.

– Son nom ?

– Mariana Lopez. Elle est mexicaine.

– Si tu viens me voir, je suppose que c'est important ?

– En réalité, je ne sais pas exactement.

Je raconte toute l'histoire : depuis le rendez-vous dans le bar jusqu'au message sur le miroir de la salle de bains.

– C'est peut-être une blague, dit mon père.

– Ce n'est pas son style. Je crois qu'elle est réellement en danger.

– Tu as des éléments pour affirmer ça ?

– Une contradiction. Écoute : à la fac, un prof nous a présenté Mariana comme boursière de l'État français ; elle-même dit que son père est chauffeur de taxi. Et qu'est-ce que me dit sa meilleure amie aujourd'hui ? Que le père de Mariana est richissime et célèbre au Mexique. Tu trouves ça normal, toi ?

gêné : qui est un peu intimidé, dans une situation psychologique peu confortable.

une blague (fam.) : histoire inventée pour faire rire.

– À quoi tu penses ?

Mon père me regarde un long moment, de ses grands yeux noirs. Je m'assois dans un **fauteuil**, en face de sa table de travail.

Il s'assoit lui aussi en silence. Il se passe la main dans les cheveux, puis se frotte longuement le menton.

– À quoi tu penses ?

– À un kidnapping, me répond-il.

– Moi aussi.

– Bon, je vais réfléchir à tout cela… **Le plus important,** c'est de savoir s'il y a une demande de **rançon**. Demain, on passe à l'action. Pour le moment, dors un peu, pour prendre des forces. La journée va être dure. Je te réveille à six heures trente, ça te va ?

– Très bien… merci, c'est vraiment sympa de ta part.

un fauteuil : meuble confortable où on peut s'asseoir pour lire, regarder la télévision…

le plus important : le point réellement important, fondamental.

une rançon : argent, prix qu'une personne exige pour libérer une personne qu'elle garde prisonnière.

1. Cochez la bonne réponse.

a. Sofia ☐ veut ☐ ne veut pas appeler la police maintenant.

b. Alexandre demande à Col de lui donner ☐ sa voiture ☐ le numéro de téléphone de leur père.

c. Il dit à Col ☐ qu'il est amoureux de Mariana ☐ que c'est seulement une amie.

d. Alexandre ne voit pas son père depuis ☐ cinq mois ☐ cinq ans.

e. Col ☐ a ☐ n'a pas le numéro de téléphone de leur père.

2. Père et fils. Vrai ou faux ?

	V	F
a. Alexandre téléphone à son père.	☐	☐
b. Son père ne veut pas le voir.	☐	☐
c. Alexandre trouve son père plus affectueux qu'avant.	☐	☐
d. Le père d'Alexandre décide d'aider son fils à retrouver Mariana.	☐	☐

3. Complétez avec : *rançon, kidnapping, en danger, message.*

a. Chez Mariana, Sofia découvre un ....

b. Alexandre pense que Mariana est ....

c. Son père pense à un ....

d. Il veut savoir s'il y a une demande de ....

À l'ambassade du Mexique

À six heures trente, mon père me réveille. Le petit-déjeuner est prêt. Nous prenons une grande tasse de café bien fort, puis une bonne douche.

Sept heures trente. Nous partons. J'appelle Sofia.

– Allô, Sofia, c'est moi, Alexandre. Excuse-moi de te **déranger** à cette heure… Je suis avec mon père. Il va nous aider, pour Mariana. Il veut te parler…

– Allô, mademoiselle, je suis le commissaire Beaulieu. Nous sommes à la recherche de Mariana et votre aide peut être utile. Est-ce que nous pouvons passer chez vous ?

– Oui, naturellement ! j'habite rue Cambronne, au numéro 3. Je vous attends…

– Ce n'est pas **loin de** chez moi. Nous arrivons dans dix minutes. Vous pouvez nous attendre devant l'immeuble ?

– Oui, bien sûr.

Nous montons dans la voiture de mon père. Il **démarre à toute vitesse**.

déranger : importuner.

loin de : à une grande distance.

démarrer à toute vitesse : mettre la voiture en marche, très vite.

– De l'action **tôt** le matin, c'est parfait pour se réveiller ! s'exclame-t-il.

Rue Cambronne, nous trouvons Sofia devant la porte de son immeuble. Je fais rapidement les présentations et mon père annonce le plan :

– Nous allons à l'ambassade du Mexique, vous venez avec nous ?

Sofia monte dans la voiture et demande :

– Vous avez des nouvelles de Mariana ?

– Non. Mais, à l'ambassade, ils savent peut-être quelque chose.

★ ★ ★

À l'ambassade, mon père se présente et demande s'il peut parler à l'ambassadeur. Nous attendons un quart d'heure puis un garde vient nous trouver :

– Monsieur l'ambassadeur accepte de vous recevoir. Suivez-moi, s'il vous plaît.

Nous arrivons enfin dans un énorme **bureau**, devant un homme à l'aspect agréable et ouvert.

– Bonjour, Monsieur l'ambassadeur. Je suis le commissaire Beaulieu, et voici Sofia, étudiante mexicaine, et mon fils, Alexandre.

– Qu'est-ce que je peux faire pour vous, monsieur Beaulieu ?

– Nous recherchons une de vos **ressortissantes** :

tôt : contraire de *tard.*

un bureau : pièce où une personne travaille.

un(e) ressortissant(e) : personne qui vit dans un pays qui n'est pas son pays (langage administratif).

– *Qu'est-ce que je peux faire pour vous, monsieur Beaulieu ?*

Mariana Lopez. Étudiante en médecine. Nous pensons qu'elle est en danger.

– Mariana Lopez ou Mariana Cruz ? demande l'ambassadeur.

– Comment ?

– Nous **sommes au courant**.

– Pouvez-vous m'expliquer… ?

– Mariana Cruz est la fille d'un important producteur de pétrole. Je suis en contact avec son père depuis hier soir, minuit. Son **ravisseur** réclame deux millions de dollars.

– Deux millions de dollars ?!

– C'est énorme, en effet.

– Que dit son père ?

– Il va arriver en fin de **matinée** avec un policier spécialisé dans les kidnappings. Mais vous, commissaire, est-ce que vous avez une piste intéressante ?

– Eh bien non, Monsieur l'ambassadeur, je suis désolé. Mon fils est un ami de la jeune fille. Il est **inquiet** pour elle… Si vous avez besoin de mes services, voici ma carte.

– Merci, commissaire. Mais attention ! pour le moment, cette histoire doit rester secrète.

– Vous pouvez être tranquille. Au revoir, Monsieur l'ambassadeur.

être au courant : être informé sur quelque chose, savoir.

le ravisseur : personne qui a emmené Mariana de force, qui l'a fait prisonnière, qui l'a séquestrée.

la matinée : partie de la journée qui va de l'apparition du soleil à midi.

inquiet : préoccupé.

– Dites-moi, Sofia, qui connaît la véritable identité de Mariana ?

Nous sortons tous les trois de l'ambassade et nous montons dans la voiture sans parler.

– On va où ?

– Chez Mariana. Excepté l'ambassadeur, nous sommes les seules personnes au courant du kidnapping et de la demande de rançon. Nous avons **un peu de** temps devant nous... Dites-moi, Sofia, qui connaît la véritable identité de Mariana ?

– Moi, seulement.

– Et pourquoi vous ?

– Parce que nous sommes originaires de la même ville, elle et moi. Elle a confiance en moi.

■ **un peu de :** une petite quantité de.

– Autre question indiscrète : elle a un petit ami ?

Sofia me regarde un court instant puis :

– Non, je ne crois pas. Mais Mariana est très secrète, vous savez.

– Vous la croyez capable d'ouvrir à un inconnu ?

– Non, pas elle.

– Donc, elle connaît la personne qui se trouve en ce moment avec elle !

– Mon Dieu ! Mais c'est qui ? Tout le monde aime Mariana. Elle n'a pas d'ennemi.

– Cherchez bien. Un amoureux ? Une rivale ?

– Non, non, impossible.

– Donc pour vous, la seule explication, c'est la position du père au Mexique…

– Je ne sais pas, je ne sais pas, je ne comprends pas.

un(e) petit(e) ami(e) : personne qu'on aime d'amour, amoureux(euse).

un inconnu : personne qu'on ne connaît pas.

un ennemi : personne qui déteste quelqu'un et qui veut faire du mal. Contraire d'*un ami*.

1. Entourez la bonne réponse.

a. Alexandre *dort chez son père – rentre dans son studio.*

b. Son père le réveille *à 7 h 30 mn – à 6 h 30 mn.*

c. Ils vont chercher *Sofia – Coline.*

d. Puis ils vont *au commissariat – à l'ambassade du Mexique.*

2. À l'ambassade. Répondez.

a. Par qui Alexandre, Sofia et Beaulieu sont reçus à l'ambassade ?

....

b. Quel est le vraie nom de Mariana ?

....

c. Quelle est la véritable profession de son père ?

....

d. Combien de dollars demande le ravisseur pour libérer Mariana ?

....

3. Qui dit quoi ? Répondez.

a. Nous recherchons une de vos ressortissantes. ....

b. Cette histoire doit rester secrète. ....

c. Je suis en contact avec son père depuis hier soir, minuit. ....

d. Nous sommes originaires de la même ville, elle et moi. ....

e. Vous la croyez capable d'ouvrir à un inconnu ? ....

Nous arrivons chez Mariana. La porte est fermée mais mon père l'ouvre facilement avec son passe-partout.

Quelle histoire !!!

Nous arrivons chez Mariana. La porte est fermée mais mon père l'ouvre facilement avec son passe-partout.

– Regardez !!! s'exclame Sofia.

Sur le miroir, il y a un nouveau message : « 2 millions de dollars avant 48 heures. »

– Qu'est-ce que ça signifie ?

– C'est simple, répond mon père. Ça veut dire que quelqu'un nous observe !

– Mais qui ?

– C'est la question ! Et je vais trouver la réponse. Vous, vous restez là... Surtout, n'allumez pas de lampes et ne regardez pas par la fenêtre, d'accord ? Moi, je vais faire un tour...

* * *

Dans sa voiture, le commissaire Beaulieu prend des jumelles et les cache sous son imperméable.

---

un passe-partout : clé spéciale qui peut ouvrir différentes portes. *Dans un hôtel, l'employé qui s'occupe des chambres a un passe-partout.*

faire un tour : se promener ; ici, pour trouver un indice.

des jumelles : instrument de vision (plus petit qu'un télescope) ; il permet l'amplification des images et de voir loin.

cacher : dissimuler, ne pas montrer.

Il entre de nouveau dans l'immeuble et monte les escaliers ; il passe devant la porte de Mariana, monte deux étages supplémentaires et sonne à une porte. Un homme, 50 ans plus ou moins, ouvre brusquement.

– Qu'est-ce que vous voulez ? demande-t-il d'un ton peu aimable.

– Police, dit Beaulieu. Désolé de vous déranger. C'est très important. Je peux entrer ?

L'homme, contrarié, laisse entrer le commissaire.

– Cette fenêtre… elle donne sur la rue ?

– Oui.

Beaulieu se met près de la fenêtre, derrière les **rideaux** et observe l'immeuble d'en face. Il se concentre sur les fenêtres des pièces qui paraissent inoccupées. Brusquement, il a une idée. Il appelle son fils :

– Alexandre, c'est moi. Écoute : tu vas **allumer** le salon et te promener à l'intérieur, pour faire croire que tu cherches quelque chose. D'accord ?

– D'accord.

Beaulieu recommence son observation. Enfin, un rideau **bouge** au quatrième étage. Il voit une silhouette derrière le rideau, un bras et… oui, c'est ça, des jumelles !

« Il n'y a pas de temps à perdre », se dit Beaulieu.

– Merci pour tout, dit-il à l'homme et il part.

un rideau : pièce de toile fixée à une fenêtre. Les rideaux sont décoratifs et utiles : ils atténuent la lumière dans la maison.

allumer : faire fonctionner une lampe, pour donner de la lumière.

bouger : se déplacer.

Un rideau bouge au quatrième étage.

* * *

Beaulieu est dans la rue, son portable à la main.

« Allô, unité centrale, ici Beaulieu. Appel d'urgence. Je suis au 7 de la rue Bréa. J'ai besoin de trois voitures de police. Deux pour bloquer la rue, et une autre devant l'immeuble. Dans dix minutes exactement. »

Puis il appelle son fils.

– Des voitures de police vont arriver d'un moment à l'autre. Ne bougez pas et n'ouvrez pas les fenêtres !

Il met en marche le chronomètre de sa montre et **court jusqu'à** l'immeuble d'en face ; là, il regarde sa montre : « Dans cinq minutes, ils sont là ! » Il entre dans l'immeuble. Il est seul dans le hall d'entrée. Il **retire** ses chaussures, prend son arme et monte l'escalier, sans faire de bruit.

il court jusqu'à : il fait très vite le trajet pour arriver à.

retirer : contraire de *mettre. J'ai chaud, je retire mon pull.*

Il arrive au quatrième étage. Il y a une seule porte. Il regarde sa montre : « trois secondes… »

Brusquement, un bruit infernal : « Les voilà ! C'est le moment ! », se dit-il.

Il **force** la porte et court jusqu'à la fenêtre.

– **Les mains en l'air !** crie-t-il.

L'homme lève les bras. Il n'a pas d'arme, uniquement des jumelles à la main. Près de la fenêtre, sur un lit, Mariana est là, **ligotée** et **bâillonnée**.

– C'est fini, mademoiselle, tout va bien maintenant !

***

La rue est un vrai **champ de bataille**. Des policiers bloquent la circulation, et il y a une ambulance.

À cinquante mètres de là, le commissaire Beaulieu parle avec deux hommes qui sont dans une Mercedes noire.

– Votre fille va bien, *Señor* Cruz. Elle va à l'hôpital pour des examens. Le kidnappeur n'est pas vraiment dangereux mais c'est un garçon bizarre, un peu lunatique. Il s'appelle Gilles Grangier, il est serveur dans un café.

– Vous le connaissez ?

forcer (une porte) : ouvrir par la force, par effraction.

Les mains en l'air ! : ordre impératif (mettre les mains à hauteur de la tête) donné par un policier à un gangster pour le neutraliser.

ligoter : attacher fortement quelqu'un avec une corde. De cette manière, il ne peut pas se servir de ses bras ni de ses jambes, ne peut pas bouger.

bâillonner : mettre quelque chose sur la bouche de quelqu'un : une bande adhésive, un morceau de tissu. De cette manière, la personne ne peut ni parler ni crier.

un champ de bataille : lieu de combat. Ici, exprime l'idée d'un grand mouvement qui n'est pas habituel.

Des policiers bloquent la circulation.

— Moi, non. Mon fils.

— Mais comment cet individu connaît-il la véritable identité de mademoiselle Cruz ? demande l'ambassadeur.

— À cause d'une photo de Mariana dans un magazine *people*. Gilles Grangier déteste son travail. Un jour, il voit mademoiselle Cruz dans un magazine et la reconnaît. Une idée folle lui passe par la tête : il va la kidnapper et devenir riche ; il va oublier le bar, Paris, la vie qu'il déteste ! Il découvre où elle habite et loue un studio en face. Puis il attend le bon moment : le jour de l'anniversaire de mademoiselle Cruz. Ce jour-là, il se présente avec des fleurs ; il dit que c'est de la part de… mon fils. Votre fille, *Señor* Cruz, le reconnaît et le fait entrer. La suite, vous la connaissez…

— Merci, merci, commissaire, répète le père de Mariana.

— Ce n'est pas moi qu'il faut remercier, c'est mon fils, Alexandre. Mais, avec tout mon respect, *Señor* Cruz, je crois que votre fille le fera elle-même très bien…

louer (un studio) : payer une somme d'argent au propriétaire du studio pour pouvoir l'habiter.

la suite : ce qui vient, se passe après.

1. Vrai ou faux ?   **V   F**

a. Dans l'appartement de Mariana, Sofia découvre
un nouveau message.   ☐   ☐

b. Ce message indique où se trouve Mariana.   ☐   ☐

c. Beaulieu pense que quelqu'un les observe.   ☐   ☐

d. Ils quittent l'appartement et vont tous les trois
au commissariat.   ☐   ☐

**2. Les actions successives du commissaire Beaulieu.
Complétez avec :** *force, observe, crie, sort, appelle, prend,*
puis mettez les phrases dans l'ordre.

a. Beaulieu ...... des jumelles dans sa voiture.

b. Il ...... le commissariat.

c. Il va chez un voisin et ...... l'immeuble d'en face.

d. Il ...... la porte.

e. Il ...... *Les mains en l'air !*

f. Il ...... de l'appartement de Mariana.

3. Entourez la bonne réponse.

a. Mariana Cruz *va bien – est morte.*

b. Alexandre *connaît – ne connaît pas* le coupable.

c. Le coupable, c'est *l'ambassadeur – le serveur du bar.*

Imaginez...

a. Est-ce que Mariana et Alexandre vont rester amis ?

b. Que va-t-il se passer pour Gilles ?

Parlez...

a. Quand vous entendez, à la radio ou à la télévision, une histoire de kidnapping, quelle est votre réaction ?

b. Est-ce que vous connaissez le Mexique ? Est-ce un pays que vous désirez connaître ? Quels autres pays voulez-vous visiter ?

c. Quelles études faites-vous ? Quels diplômes avez-vous ?

d. Quel travail faites-vous ? Quel travail voulez-vous faire plus tard ?

Opinion...

a. La médecine est une profession qui attire beaucoup d'étudiants. Pensez-vous que c'est « un beau métier » ou, au contraire, que c'est une profession comme les autres ? Pourquoi ?

b. Quelle spécialité médicale vous paraît très intéressante ? Pourquoi ?

CORRIGÉS

page 3

1. b. 1

2. b

3. carte bancaire - commerçant

page 11

1. a. Alexandre. b. Vingt-cinq ans. c. Paris. d. Médecine. e. Une sœur. f. Son père est commissaire de police et sa mère travaille pour un magazine de mode.

2. a. étudiante en médecine b. brune c. mexicaine d. chauffeur de taxi

3. a. vrai b. faux c. faux d. vrai

4. a. Gilles b. Mariana c. Alexandre d. Alexandre

page 18

1. a. bavardent b. aime c. dans un petit appartement d. refuse e. un peu irritée

2. a. faux b. vrai c. vrai d. faux e. faux f. vrai

3. a. un bijou b. à sa sœur c. un collier

page 25

1. a. à l'heure b. des personnes inconnues c. est en retard d. parle avec les amis de Mariana e. ne vient pas

2. b - c - a - d

3. a. 1 b. 2

page 32

1. a. ne veut pas b. le numéro de téléphone de leur père c. qu'il est amoureux de Mariana d. cinq ans e. a

2. a. vrai b. faux c. vrai d. vrai

3. a. message b. en danger c. kidnapping d. rançon

page 39

1. a. dort chez son père b. à 6 h 30 mn c. Sofia d. à l'ambassade du Mexique

2. a. L'ambassadeur. b. Mariana Cruz. c. Producteur de pétrole. d. Deux millions de dollars.

3. a. Beaulieu b. l'ambassadeur c. l'ambassadeur d. Sofia e. Beaulieu

page 46

1. a. vrai b. faux c. vrai d. faux

2. a. prend b. appelle c. observe d. force e. crie f. sort / f - a - c - b - d - e

3. a. va bien b. connaît c. le serveur du bar

N° d'éditeur : 10307969 – Février 2025

Achevé d'imprimé en France par ISI Print (La Courneuve) – N° d'imprimeur : 202502.0293

contact@cle-inter.com